VICTOR-ALFRED

DEPOORTER

NOTES BIOGRAPHIQUES

SUR

VICTOR-ALFRED

DEPOORTER

DOCTEUR EN MÉDECINE

1854-1889

VALENCIENNES
IMPRIMERIE LOUIS HENRY, MARCHÉ-AUX-POISSONS, 2
1889

A LA MÉMOIRE

DU

DOCTEUR EN MÉDECINE

Victor-Alfred DEPOORTER

Hommage respectueux,
Souvenir d'amitié.

E. FROMENTIN.

Valenciennes, le 21 Juillet 1889.

Nul n'a laissé plus pur le nom qu'il a porté.
Alf. de Musset.

Victor-Alfred Depoorter naquit à Vervicq (Sud) canton de Quesnoy-sur-Deûle, arrondissement de Lille, le 14 septembre 1854. Il appartenait à l'une de ces honnêtes familles bourgeoises, honorées dans le pays, médiocrement favorisées du côté de la fortune, mais où se transmettaient héréditairement les bonnes traditions, les principes religieux et moraux, les habitudes sobres et laborieuses.

Ce fut à Vervicq, sous les yeux et par les soins de son père Henri-Victor Depoorter, commissionnaire en lins, et de sa mère Sophie Tailleu, que le jeune enfant reçut les premiers éléments de l'éducation forte et solide dont toute sa vie a porté l'empreinte.

Il avait retiré de ce contact une extrême bonté, beaucoup d'égalité dans l'humeur, un fonds de bienveillance inépuisable. A l'âge de 12 ans il perdit son père, qui, en 1866, fut enlevé en moins de neuf heures par le choléra.

Sa mère le mit alors, avec son frère aîné, dans une maison d'éducation à Menin, petite ville séparée de la France par la rive gauche de la Lys et située à près de trois heures de Courtrai.

Servi par une intelligence facile et par une mémoire heureuse le jeune Victor Depoorter attira immédiatement l'attention du directeur de l'école. Ce dernier vint trouver à Vervicq Mme veuve Depoorter et lui demanda l'autorisation de faire suivre à l'enfant les études latines ; après avoir consulté son fils, elle acquiesça à la proposition.

Avide d'instruction et de connaissances, le jeune Depoorter fit de rapides progrès; de 1867 à 1870 il fortifia sa jeune intelligence par un travail incessant ; d'une conduite exemplaire, en trois ans il fit cinq années d'études classiques.

Ceux qui, dans cette maison, et ensuite à Tourcoing, furent les condisciples de M. Victor Depoorter se rappellent combien l'imagination du jeune enfant était vive, son application opiniâtre et combien ses premiers succès, embellis encore par un heureux caractère, excitaient d'applaudissements.

En 1871, l'élève de Menin manifesta à sa mère la pensée d'être un jour médecin. « Je » choisis cette carrière, disait-il, parce qu'elle » me permettra de déployer du dévouement » et m'offrira le moyen de faire le bien ? »

Une vocation instinctive se déclarait, Victor Depoorter devait être docteur. Pour arriver à ses fins il pria sa mère de l'envoyer à l'institution libre du Sacré-Cœur de Tourcoing, où l'instruction lui paraissait solide. Mme veuve Depoorter ne lui fit qu'une objection, le prix de la pension paraissait élevé ; son fils ne se désorienta pas, sa réponse fut nette : « Mère, je » le sais et comprends ; mais comme je ferai » trois années d'études en deux ans, il en ré- » sultera une économie ; ne crains rien, je tra- » vaillerai. »

La mère avait confiance en son fils, elle consentit à ce qu'il demandait.

Dès son entrée à l'institution de Tourcoing, Victor Depoorter fut classé parmi les étudiants intelligents, sérieux et travailleurs ; son nom figura immédiatement sur la liste des élèves nommés en excellence au programme des prix.

En troisième il obtint cinq nominations,

autant en seconde ; il en eut trois dans la classe de philosophie qu'il suivit avec distinction. Ses efforts étaient toujours couronnés de succès.

Arrivé au terme de ses études classiques il sut s'élever par son intelligence et son travail. Le 24 juillet 1874 il fut reçu bachelier ès-sciences à Lille ; le 4 novembre suivant il fut nommé bachelier ès-lettres à Douai.

Dès lors sa carrière se dessine, son âme grandit, ses connaissances s'élargissent, un amour passionné pour la médecine le dévore, Victor Depoorter devient déjà l'homme du dévouement et du devoir ; il a un respect inviolable pour ses supérieurs, il exprime de nouveau à sa mère le désir bien arrêté d'être docteur en médecine, et déclare, plus que jamais, qu'il sera un jour utile à ses concitoyens, compatissant aux douleurs des pauvres malades.

Cependant il reste toujours lié avec ses amis de classe de cette étroite amitié contractée sur les bancs de l'école, amitié qui semble à l'abri de toute atteinte, parce qu'elle est cimentée non par l'intérêt, l'ambition ou l'amour-propre, mais par une similitude de sentiments.

Voyez sa correspondance de l'époque, les

lettres qu'il écrivait à ses amis sont des modèles de délicatesse et de goût.

En novembre 1874, M. Victor Depoorter va demeurer à Lille, rue Solférino, 204. Il entre à la Faculté de médecine de cette ville et prend en novembre 1874 sa première inscription, en janvier 1875 sa deuxième, en avril sa troisième, et en juillet sa quatrième.

Le 3 août 1875 il passe son premier examen de fin d'année avec la note *très satisfait*.

Intelligent, travailleur, cœur excellent, voilà ce que se montra Depoorter dès son entrée dans la carrière médicale. Ces brillantes qualités lui valurent promptement l'estime et la sympathie de tous, maîtres et élèves. Ces débuts faisaient présager ce qu'il serait plus tard. Depoorter était un jeune homme modèle. Tous ses anciens condisciples se plaisent encore à rendre hommage à son aménité, à la loyauté de son caractère, à sa correction parfaite.

En novembre 1875 Depoorter prit sa cinquième inscription à la Faculté de médecine de Lille; en janvier 1876 sa sixième, en avril sa septième, en juillet sa huitième. Le 2 août 1876 il passa le deuxième examen de fin d'année avec la note *bien satisfait*. Il demeurait alors rue St-Nicolas, 29.

Depoorter, qui appartenait comme militaire à la classe de 1874 et avait subi le sort à Quesnoy-sur-Deûle, fit son volontariat à l'hôpital militaire de Versailles, dans la 24e section d'infirmerie, en 1876-1877.

Là, malgré la privation des cours d'anatomie et des dissections et les mille embarras du service, les exercices militaires, de pompes à incendie et autres, il sut, dans son ardeur au travail, étudier ses auteurs et trouver le temps nécessaire pour préparer son examen de médecine.

En juillet 1877, il prit à la Faculté de médecine de Lille ses neuvième, dixième, onzième et douzième inscriptions, et le 1er août passa son troisième examen de fin d'année avec la note *bien satisfait.* Cet examen lui permit d'arriver en quatrième année sans éprouver la moindre perte de temps au point de vue scientifique. En s'assimilant, en si peu de temps, les connaissances cliniques, Depoorter avait effectué un vrai tour de force, car généralement l'année du volontariat est une année perdue pour l'étudiant en médecine.

Pendant son séjour à l'Ecole de Lille non seulement il s'initia à toutes les parties de la science, mais il se familiarisa avec les secrets les plus ardus de la pratique, surtout de la pratique chirurgicale.

Combien de fois, avec cette franche expansion de l'homme sûr de son passé, n'a-t-il pas dit lui-même ses modestes débuts, sa lutte contre l'adversité, cette vie qu'on peut offrir comme exemple.

L'étudiant de Vervicq était magnifique quand, plus tard, il énumérait ses privations et contait comment, plus d'une fois, au milieu de ses livres, il avait oublié à dessein d'aller prendre le dîner, comment, ne profitant même plus de ses vacances, il avait travaillé sans relâche pour se préparer aux examens de fin d'année. Et cependant, des dures épreuves qu'il avait traversées, il n'avait rien gardé d'amer; il portait dans ses allures, dans sa physionomie même, une mélancolie enjouée.

Entraîné par les aptitudes, Victor Depoorter tenait à bientôt exercer son art. Après avoir, comme nous venons de le dire, pris douze inscriptions de doctorat à Lille, du mois de novembre 1874 au mois de juillet 1877, et avoir subi, dans la même ville, trois examens de fin d'année, il se rendit à la Faculté de médecine de Paris.

Pendant son séjour à Versailles Depoorter allait souvent le dimanche, et quelquefois en semaine, à Paris, chez Charles Lambin, son ancien camarade de collège et d'études à Menin et Tourcoing (actuellement docteur à Lille), qui demeurait rue de Lhomond. Là il passait quelques heures agréables en compagnie de plusieurs de ses compatriotes, anciens élèves de l'Ecole de Lille, étudiants en médecine comme lui : C. Deladrière, Rousseau et Georges Cochet, tous trois docteurs aujourd'hui, le premier à Calais, le deuxième à Merville et le troisième à Lille.

On causait du pays en fumant, on discutait médecine, science, littérature, beaux-arts, on s'entretenait de tout ce qui est noble, beau et grand ; et il faut le dire, si Depoorter supportait la contradiction sans humeur, il savait aussi défendre ses idées avec une fermeté et une modération peu ordinaires parmi les jeunes gens de son âge.

Dans une réunion du mois d'octobre 1877, les cinq amis prirent solennellement une grande résolution ; elle consistait à louer, sous peu, un appartement assez vaste, dans un quartier proche d'un hospice, pour y former une sorte d'association et y vivre en commun.

En novembre 1877 la proposition adoptée fut suivie d'exécution. On trouve alors Victor Depoorter installé avec trois de ses amis : Charles Lambin, C. Deladrière et Georges Cochet (Rousseau faisait son volontariat à Versailles, dans un immense appartement du cinquième étage de la maison nº 15, boulevard Arago. C'était un peu haut; mais on était dédommagé de l'ascension de l'escalier par la modération du prix de location, la commodité du logement, la vue superbe d'un boulevard, à peine commencé, mais bien aéré ; de plus on se trouvait dans des conditions favorables au travail, et, comme il avait été convenu, à proximité des salles de dissection dites de Clamart, et de plusieurs hôpitaux : La Pitié, Cochin, Midi et Lourcine.

Les quatre amis avaient, paraît-il, tiré au sort les différentes chambres de l'appartement : ils menèrent là, comme des frères, et dans l'union la plus parfaite, pendant deux ans, de 1877 à 1879, une existence toute familiale, agréable et charmante; ce fut peut-être une des plus belles phases de leur vie.

Le matin on se disait bonjour, puis on partait au travail, tous quatre généralement pour l'hôpital de la Pitié, qui était l'hospice le plus fréquenté, présentant le plus de ressources.

Victor Depoorter usa utilement de son temps et travailla, avec une ténacité rare, à la Pitié; il se plaisait beaucoup aux cours de Lassegue et Lancereaux pour la médecine, de Verneuil pour la chirurgie; mais où il se montra surtout très-assidu, c'est au service du docteur Gallard. On le trouvait encore parfois étudiant à la Charité, à Lourcine et autres hospices; mais assez rarement; les cliniques de la Pitié surtout l'occupaient.

En sortant de l'hôpital de la Pitié, on déjeunait dans une petite crémerie très propre, située près du boulevard Arago, puis, vers midi, on retournait au logement commun. Là, à tour de rôle, chacun avait sa semaine pour confectionner le café; on le buvait tranquillement, puis on fumait une bonne pipe, ce qui était un vrai plaisir pour Victor Depoorter.

Vers une heure on se rendait à l'amphithéâtre de dissection des hôpitaux, où l'on restait jusqu'à quatre ou cinq heures; alors avait lieu le cours de prosecteurs, ou celui d'anatomie topographique de M. Tillaux, que

M. Depoorter aimait au-dessus de tout, et dont il admirait la méthode, la clarté et la concision.

Au dîner, on mangeait quotidiennement le bifteck au restaurant ordinaire, sauf les grands jours, assez rares, où l'on se payait un repas chez Duval ou au Palais-Royal. Quant aux cafés et brasseries, on s'en passait; ils étaient réservés pour les grandes circonstances.

Après le dîner on renouvelait, à l'appartement du boulevard Arago, la tasse de moka, on savourait encore une pipe ; puis, avant de se remettre à l'étude, il y avait une heure de musique ; on répétait en trio des airs flamands, on se rappelait les chansons de Desrousseaux de Lille, *le petit Quinquin*, etc. ; Lambin jouait du piano, Cochet de la flûte et Deladrière du violon ; Depoorter constituait à lui seul le public, et, il faut le dire, il ne ménageait pas ses applaudissements, car il aimait beaucoup la musique.

Pour le travail, Depoorter était infatigable ; c'est lui qui en donnait le signal aux amis ; à Lille, comme à Paris, après avoir passé ses journées à l'école, il consacrait, en dehors de

sa petite récréation musicale, ses soirées et souvent une partie de ses nuits à l'étude des auteurs. Ses amis intimes affirment que souvent ils le trouvaient encore étudiant assidûment à une heure, deux heures du matin. Il répétait souvent qu'ayant le travail pénible, il devait, pour s'assimiler la science, travailler plus que les autres ; c'était, chez lui, pure modestie, car il avait une mémoire et une intelligence peu communes.

Ce qui distinguait Depoorter, c'était la droiture de son âme, son affabilité et son profond respect pour les opinions d'autrui ; il était, disent tous ses compagnons, un ami sûr et dévoué, un excellent camarade, toujours empressé à vous obliger, toujours aimable, gai, causeur ; aussi ne connaissait-il pas d'ennemis.

Sur la fin de 1878, Rousseau, l'ancien élève de l'école de médecine de Lille, après avoir terminé son volontariat, vint, un moment, partager l'appartement du boulevard Arago ; puis, plus tard, les circonstances amenant les premiers changements, Depoorter, Lambin et Rousseau allèrent demeurer rue Bertholet, nº 15 ; leur amitié solide ne s'altéra pas un seul jour jusqu'à la grande séparation, qui devait, en 1880, les éparpiller dans différentes parties du département du Nord, où chacun sut se faire une position honorable.

A Paris Victor Depoorter prit ses quatre inscriptions du 6 novembre 1877 au 11 juillet 1878, et subit cinq examens de doctorat, du 2 décembre 1878 au 19 décembre 1879.

Sur la fin de 1879 et en janvier 1880 on trouve Victor Depoorter travaillant et étudiant aux hôpitaux :

1o *Lariboisière :* Salle Saint-Ferdinand, no 6 ;

2o *Cochin :* Salle Saint-Gabriel, no 21 ; salle Saint-Jacques, no 22, et salle Saint-Honoré, no 15 bis ;

3o *La Charité :* Salle Sainte-Vierge, nos 22, 30 et 50 ;

4o *La Pitié*, son hôpital d'affection, salle Saint-Augustin, no 16 ;

5o Enfin *Laënnec*, salle Saint-André, no 2, et cela dans les services des maîtres de la science, les docteurs Duplay, Polaillon, Gosselin, Verneuil et Nicaise. Il cherchait les éléments et les études qui devaient servir à sa thèse pour le doctorat en médecine.

Cette thèse, qu'il a soutenue le 27 mars

1880, et lui a valu la note *bien*, a été imprimée à Paris, chez M. A. Parent, imprimeur de la Faculté de médecine, rue Monsieur-le-Prince, nos 29-31 ; elle traite *des Considérations sur les Gelures*, et est dédiée :

A la mémoire de son père, à sa mère, à son frère, à ses parents et amis, à son président de thèse M. le docteur Gosselin, membre de l'Institut et de l'Académie de médecine, chirurgien de l'hôpital de la Charité, commandeur de la Légion d'honneur ; à ses maîtres dans les hôpitaux et à M. le docteur Nicaise, chirurgien de l'hôpital Laënnec, professeur de la Faculté de médecine de Paris, chevalier de la Légion d'honneur.

Une fois reçu docteur en médecine, M. Victor Depoorter eut à réfléchir sur le parti à prendre... Il était très-estimé, plusieurs familles influentes du quartier des Gobelins, qui avaient confiance en son savoir et en ses capacités, avaient fait des instances pour le prier de s'installer à Paris; il aurait voulu pousser ses études plus loin... Les parties de la science médicale que Victor Depoorter affectionnait d'une façon particulière étaient la pathologie interne et les accouchements;

s'il n'avait pas dû, comme il le disait, gagner au plus vite sa vie pour dédommager sa mère des sacrifices qu'elle s'était imposés pour lui, il se serait adonné exclusivement, il est probable, à l'étude des accouchements; mais il avait 26 ans, il fallait penser à l'avenir, de plus sa mère le réclamait dans le Nord.

Arrivé dans le département, il hésita un moment; puis, par suite du décès du docteur Lejeal, il vint s'établir à Valenciennes. Il prit son premier domicile rue Delsaulx, où il ne resta que quelques mois, le temps de s'installer.

Il alla ensuite habiter le n° 139 de la rue de Paris, domicile qu'il n'a plus quitté, pour se livrer cette fois entièrement à la pratique de son art, aux habitants de la ville de Valenciennes, et aux soucis d'une clientèle en formation.

Né avec de hautes facultés, doué d'un coup d'œil profond, pénétrant, apportant dans le commerce ordinaire de la vie une exquise politesse, il ne tarda pas à se faire aimer dans toutes les classes de la Société. En peu de temps il se créa une clientèle des plus honorables; on l'appelait, pour le consulter, de tous les environs, même des villes voisines ; son urbanité, son langage clair, facile et grâcieux, le faisaient rechercher, et ajoutaient encore, s'il se peut, au mérite de son savoir.

Considérant la fonction du médecin comme une espèce de sacerdoce, il n'oublia jamais que c'eût été amoindrir sa profession que de demander aux malades plus qu'une rémunération convenable.

Non-seulement il ne réclamait rien aux pauvres, aux ouvriers, qui, en grand nombre, venaient, tous les jours, le consulter ; mais encore, appelé auprès de certaines personnes déchues de fortune et qualités, il n'acceptait pas d'honoraires et cela tout en leur témoignant autant de zèle qu'aux autres.

Combien de fois, en visitant des malheureux, n'a-t-il pas laissé quelqu'argent sur la cheminée, ou dans un coin de la chambre, pour leur permettre d'acheter du linge, des draps, de la charpie ; sa compassion était grande.

Après avoir consacré une grande partie de sa journée à visiter les malades, ne croyez pas qu'il se livrait immédiatement au repos. Arrivait l'heure du cabinet. — Par la méditation des œuvres nouvelles, par la lecture des publications périodiques il se tenait au courant des progrès de la science, pour faire bénéficier ses concitoyens des découvertes récentes.

Le 28 janvier 1881 il fut chargé, par l'Administration de suppléer un médecin de la Ville pour la constatation des décès du canton Nord ; et comme il était, de sa nature, très délicat, quoi qu'il exerçât complètement cette fonction, il ne toucha pas les honoraires, il les laissa à son prédécesseur jusqu'au 1er janvier 1886, jour où, par suite du décès de ce dernier, il fut nommé définitivement et en nom.

Par décret du Président de la République du 8 mars 1881, M. Victor Depoorter avait été nommé chirurgien aide-major de la Compagnie des Sapeurs-Pompiers de Valenciennes.

De ce jour à celui de son décès il trouva le temps d'assister à toutes les réunions, revues du corps, tirs, etc. ; de plus, quand la cloche d'alarme appelait les pompiers à un incendie, on était certain de voir arriver un des premiers, sur le lieu du sinistre, le brave chirurgien aide-major ; il suivait les hommes de vue, et si l'un d'eux tombait ou éprouvait une commotion, il s'empressait de courir à son secours.

Le 8 septembre 1883, M. le Ministre de la guerre fit connaître à M. le docteur Depoorter que, suivant un décret du 4 septembre 1883, il était nommé au grade de médecin aide-major de 2me classe dans le cadre des officiers de réserve, et qu'il était placé à l'hôpital mobile de campagne, no 3, du 2me corps d'armée, de sorte qu'en cas de mobilisation il eût eu à se rendre à Amiens, où il devait être arrivé le troisième jour de la mobilisation.

Le 17 novembre 1883 il fut nommé par M. le Préfet du Nord membre du Comité de vaccine de l'arrondissement de Valenciennes.

Ces fonctions n'empêchaient pas le Docteur de donner ses soins à ses chers malades ; dans sa pratique, souvent heureuse, il montrait une grande pénétration, un esprit imbu de saines doctrines.

Il applaudissait à toutes les découvertes de la science et à tout ce qui pouvait en étendre les résultats. Il suivait avec un vif intérêt le développement et les succès des écoles de médecine françaises où étrangères ; dans sa voiture de courses il avait souvent une brochure, un journal médical qu'il parcourait à la hâte.

Quand il parlait médecine, opérations, il était radieux, éloquent, il semblait que tout le monde devait le comprendre ; il y avait dans ses paroles tant de profondeur, tant de fantaisie, tant de joyeuse sérénité et tant de sympathique bonté, que les heures s'écoulaient vite à l'entendre. Il était un causeur incomparable, et l'on sentait en lui, sans qu'il cherchât à le faire sentir, ce je ne sais quoi qui fait l'homme de génie.

On eut beau le supplier d'entrer dans la vie politique, il repoussa toutes les avances qui lui furent faites.

Au milieu de ses nombreuses occupations, les pauvres malades ont toujours trouvé près de lui un bon accueil, une sollicitude qui ne connut jamais ni fatigue, ni défaillance. Il ne croyait jamais son devoir accompli ; à chaque instant toutes les classes de la société, hommes, femmes, enfants, de Valenciennes, des faubourgs, de Marly, de Trith, de Saint-Saulve, Anzin, Aulnoy, etc., pouvaient réclamer son aide, sûrs de le trouver toujours prêt, toujours affable, et sachant donner toujours des conseils salutaires et de bonnes paroles, car personne n'a compris mieux que lui les droits de l'infortune et les devoirs du médecin chargé d'en soulager les souffrances.

Le docteur Victor Depoorter s'était occupé, d'une manière spéciale, de l'art des accouchements et il se faisait distinguer, dans l'exercice de cette partie de la médecine, par un tact exquis, un jugement droit et rigoureux, qu'on n'acquiert pas seulement de l'expérience. Que de nuits ce travail fatigant lui a fait passer !

La franchise, dans la mesure permise par les convenances sociales, était l'attribut distinctif de son caractère ; mais elle était chez lui tellement indulgente et si peu personnelle, qu'elle lui a valu des amis sans jamais lui en ôter.

A peine, du reste, était-il le médecin d'une famille, qu'il en devenait l'ami, le confident ; et cela parce qu'il possédait à la fois toutes les qualités de l'ami et du médecin.

Mais son dévouement et sa popularité éclatèrent surtout alors que des épidémies passagères éprouvèrent certains quartiers de la cité — fièvres, croup, variole, etc. — Nuit et jour, chez lui et dans la rue, on le cherchait, on l'arrêtait, on l'interrogeait, comme s'il avait eu sur la maladie un absolu pouvoir.

D'une assiduité qui était un exemple pour tous, et malgré les soins d'une nombreuse clientèle, il arrivait un des premiers dans les maisons où il était appelé en consultation, et ne partait que le dernier. Immobile à sa place, il écoutait discuter les questions médicales dans une sorte de recueillement. Quand on observait sa physionomie on voyait qu'il pesait dans sa conscience, les arguments des adversaires, et jamais, certainement, docteur n'émit de conseil plus mûrement réfléchi.

Quand un professeur de la Faculté passait dans le pays, il profitait de sa présence pour l'interroger sur les cas dont étaient atteints ses malades. Sa préoccupation était toujours vive, il cherchait à la diminuer en rendant sa science plus certaine.

Que de fois n'avons-nous pas vu le pauvre docteur désolé, triste, accablé, après des visites, et cela parce que parfois il se sentait impuissant à lutter contre la mort qui venait de lui enlever un de ses malades, parce qu'il ne pouvait rendre la vie à un père de famille utile à ses enfants et à la société, à des mères nécessaires au foyer domestique, à des enfants chéris de leurs parents; son esprit était d'autant plus surmené qu'il partageait les douleurs d'autrui.

De 1882 à 1883, le Docteur étudia d'une façon toute spéciale les malades atteints de phthisie ; il prit des notes, approfondit ses auteurs, observa beaucoup, et commença un ouvrage important sur cette affection ; cet ouvrage, qui était destiné à l'impression, reste inachevé !

Le 29 octobre 1883, Victor Depoorter épousa Mlle Angèle Sauviller. Le mariage fut célébré à Cambrai. Le docteur, avec sa vie faite d'émotion et de sympathie, avait besoin d'épancher largement ses sentiments et ses impressions. Il eut le bonheur de trouver dans sa compagne, comme il le disait souvent, l'âme la mieux faite pour le comprendre et le cœur en qui ses pensées trouvaient un écho.

Le 25 août 1884 naquit, de cette union, à Valenciennes, un fils, Henri-Charles Depoorter, resté trop tôt l'unique héritier d'un nom et d'un passé qui obligent.

Tout paraissait sourire au noble Docteur ; il avait une excellente et digne compagne, distinguée par l'esprit et par le cœur, un enfant très-intelligent ; les clients affluaient ; son talent lui permettait de soulager les malades, de venir en aide aux malheureux ; ses goûts simples et modestes, ses manières affables et polies lui attiraient l'estime publique, l'affection de tous ses concitoyens. Parfois, un jour de fête, il s'échappait quelques heures et allait avec sa femme, à Cambrai, à Vervicq, à Caudry, à Landrecies, à Pecquencourt, jouir d'un moment de repos, — de repos intellectuel, car, débarrassé de ses soucis habituels, il prenait ses ébats comme un écolier en vacances.

Cependant les travaux, les visites, les consultations, les opérations, les occupations sans nombre de jour et de nuit, fatiguaient son esprit, son corps même ; mais il était heureux, radieux, il n'y prenait garde..... Il était fort, solide, bien bâti, il comptait trop sur son tempérament ; puis il était persuadé que le médecin ne peut cesser de s'instruire, qu'il se doit tout entier à ses concitoyens, — et il allait, il allait toujours..... sans trêve ni repos.....

A la suite d'une visite faite dans les environs, à Trith, un malaise vague le saisit ; le Docteur ne s'en occupa point, il continua ses courses..... Le dimanche soir, 30 juin 1889, après avoir, comme d'habitude, visité sa nombreuse clientèle, il s'alita, fort las, en recommandant de le laisser en repos, ce qui était une exception....

Pendant son sommeil, quoique dans toute la plénitude de sa force, il fut frappé inopinément d'une maladie aux symptômes alarmants, une congestion pulmonaire ; et malgré les soins les plus vigilants et les plus dévoués de tous ses collègues et confrères, il ne put être rétabli, il ne reprit même plus connaissance.

Peu d'heures ont suffi pour briser ce noble cœur, cette belle existence.... La science a été vaincue.... Victor Depoorter s'est éteint à 35 ans, le 2 juillet 1889, à trois heures du soir, entouré de sa famille, de ses amis, de ses collègues.

Témoin de cette scène, nous avons pu comprendre combien était à plaindre Mme Depoorter, sa digne et noble compagne, qui a de suite senti le vide qu'allait faire autour d'elle l'absence d'un dévouement si entier. Elle trouvera, nous en avons le ferme espoir, dans l'affection de son jeune fils, un allégement à l'épreuve que Dieu vient de lui envoyer.

Certaines morts ont le rare privilège de laisser dans les cœurs une profonde empreinte et d'exciter des regrets unanimes, on pourrait dire que ce sont des malheurs communs. Telle a été la mort de M. Victor Depoorter : elle répandit dans la ville de Valenciennes une tristesse sympathique. Ce fut un deuil public...

Les funérailles ont eu lieu le vendredi 5 juillet 1889, à onze heures du matin. Cette triste cérémonie a donné lieu à une manifestation des plus imposantes ; aussi ne pouvons-nous mieux faire que de transcrire ci-après, par ordre de dates, les articles consacrés par les journaux de la localité à M. Depoorter, du 3 au 8 juillet 1889.

Ils montrent qu'il n'y eut qu'une voix pour déplorer la mort prématurée du sympathique docteur ; que ses nombreux amis et clients tinrent à venir de toutes parts, de la ville et des environs, rendre le suprême devoir à la dépouille de celui dont la vie avait été si bien remplie ; enfin que l'attitude de la population valenciennoise tout entière attesta la douleur profonde causée par la perte de Victor Depoorter, ainsi que la sincérité de la reconnaissance et de l'affection unanime qu'il avait su conquérir.

EXTRAITS DE JOURNAUX

DU NORD

Le Courrier du Nord

Numéro du 3 Juillet 1889.

NÉCROLOGIE.

Notre ville vient de perdre un de ses médecins les plus estimés, M. Victor Depoorter, emporté en trois jours par un mal presque foudroyant. La rapidité de cette mort a d'autant plus impressionné nos concitoyens que M. Depoorter s'était concilié la sympathie générale à Valenciennes.

Actif, laborieux, plein de dévouement pour ses malades, le regretté médecin était prêt toujours à répondre aux appels adressés à son savoir professionnel ; et certes il n'épargnait ni sa peine ni ses fatigues.

C'est en faisant avec une hâte excessive, par la chaleur, une course aux environs de notre ville vendredi, pour donner ses soins à une personne souffrante, qu'il paraît avoir pris le germe du mal qui devait l'emporter, une congestion pulmonaire. M. Depoorter s'est alité dimanche soir après avoir visité comme d'habitude sa nombreuse clientèle : lundi matin on le trouvait sans connaissance en son lit, et malgré les soins que lui ont prodigués depuis lors plusieurs de ses confrères, il a rendu le dernier soupir hier après midi. Il n'avait que 35 ans.

Ses obsèques auront lieu vendredi.

L'Impartial du Nord

Numéro du 4 Juillet 1889.

NÉCROLOGIE.

Le docteur Depoorter, qui s'était fait une si grande et une si juste renommée à Valenciennes, vient de mourir, à peine âgé de 35 ans, en pleine force, en pleine santé, sans que le moindre symptôme ait pu faire prévoir cette catastrophe.

Le docteur Depoorter, qui se prodiguait sans compter, à toute heure du jour et de la nuit, pour les pauvres comme pour les riches, visitait encore des malades dimanche à six heures du soir. Il se coucha comme d'habitude en demandant seulement qu'on ne le réveillât pas et qu'on le laissât dormir une bonne nuit, ce qui ne lui était pas arrivé depuis longtemps.

Il ne devait plus se réveiller.

Frappé pendant son sommeil d'une congestion pulmonaire, il fut, dès qu'on s'en aperçut, lundi matin, soigné avec le plus complet dévouement, la plus touchante confraternité, par ses collègues de notre ville, qui n'ont cessé de se relayer à son chevet.

Toutes les ressources de la science, tout ce que l'affection et le désir de conserver un citoyen éminemment utile pouvait suggérer, a été essayé, en pure perte, hélas ! Le docteur Depoorter s'est éteint, aujourd'hui mardi, vers trois heures et demie de l'après-midi, sans avoir repris connaissance.

Ceux qui ont vu l'aspect du quartier qu'il habitait, pendant les journées de lundi et de mardi, ont pu se rendre compte des sympathies qui entouraient cet homme au cœur d'or, au caractère toujours égal et enjoué, au dévouement infatigable, cause peut-être du dénouement tragique que tous ses amis, c'est-à-dire tous ceux qui l'ont connu, déploront aujourd'hui.

Nous adressons, d'un cœur ému, l'expression de nos regrets et de notre douleur à la mère de cet homme qui avait une si haute conception de son devoir, à la digne compagne qui eut le bonheur trop court de partager quelques années de son existence, à l'enfant qui nous rappellera un jour les hautes qualités de cœur, d'esprit et de caractère d'un ami dont nous conserverons un profond souvenir.

L'Echo de la Frontière

Numéro du 4 Juillet 1889.

Demain auront lieu les obsèques du docteur Depoorter.

Il sera regretté par tous ceux qui l'ont connu.

Docteur des plus distingués, il s'était créé en peu de temps une clientèle très-considérable.

Et tous ceux qui l'ont approché savent avec quel dévouement, quelle science, quelle bonté et quel tact il exerçait la médecine.

Pauvres comme riches, tous trouvaient en lui un ami, un conseiller aussi sûr que désintéressé.

Les pauvres, pour lesquels il était une véritable providence, pleureront longtemps l'homme de bien que l'on enterre demain.

Le Progrès du Nord

Numéro du 5 Juillet 1889.

Dimanche soir, se sentant indisposé, le docteur Depoorter se coucha vers six heures du soir, après avoir recommandé de le laisser en repos, ce qui était une exception.

Pendant son sommeil, il fut frappé d'une congestion pulmonaire et malgré tous les soins qui lui furent prodigués par ses collègues, il fut matériellement impossible de le réveiller.

Mardi à trois heures du soir, il expirait à l'âge de trente-cinq ans, sans avoir repris connaissance.

Très-populaire, extrêmement dévoué et d'un caractère des plus sympathiques, le docteur Depoorter ne comptait que des amis à Valenciennes et emportera les regrets de tous ceux qui l'ont connu.

Le docteur Depoorter, qui a encore sa mère, laisse une jeune veuve et un enfant, à qui nous présentons nos plus sincères condoléances.

Les obsèques auront lieu vendredi à onze heures du matin.

La Dépêche

Numéro du 5 Juillet 1889.

VALENCIENNES. — Notre ville vient de faire une perte des plus sensibles en la personne du docteur Depoorter qui vient de décéder après deux jours de maladie.

Tout jeune encore, il n'avait que 34 ans, le docteur Depoorter jouissait d'une grande notoriété sur notre place ; son savoir, son activité bien connue, ses soins dévoués, l'avaient fait apprécier des nombreuses familles qui lui donnaient toute leur confiance. Ajoutons que sa franchise, son tact, son abord ouvert et aimable lui avaient concilié l'amitié de tous.

Généreux pour les pauvres, auxquels il prodiguait sans compter ses soins et ses conseils, il était devenu très-populaire parmi eux et nos ouvriers perdent grandement avec lui.

M. Depoorter était aide-major de la compagnie des pompiers et malgré son labeur incessant, il trouvait le moyen de les accompagner quand sa présence était utile. C'est que s'oubliant lui-même, il était tout aux autres et toujours prêt à rendre service, s'imposant tous les sacrifices de sa noble profession.

Il n'y a aujourd'hui qu'une voix sur son compte, sa fin si rapide et si inattendue est le sujet de toutes les conversations.

M. Depoorter était un croyant ; originaire des Flandres, il avait conservé la foi de ses pères, c'est un motif qui ajoute encore à nos si vifs regrets ; c'est aussi la seule consolation qui reste à sa jeune femme qu'entoure en cette triste circonstance les sympathies de toute la ville. G.

Le Courrier du Nord.

Numéro du 6 Juillet 1889.

OBSÈQUES DE M. LE Dr DEPOORTER.

Les obsèques de M. le docteur Victor Depoorter ont donné lieu hier à une manifestation de sympathie et de regrets qui honore sa mémoire. Nombreux ont été les amis qui lui ont rendu les derniers devoirs ; plus nombreux encore les travailleurs, les ouvriers qu'il avait soignés, et qui, empêchés par leurs occupations d'assister à toute la cérémonie funèbre, ont tenu à venir saluer au passage le triste convoi, en montrant par l'expression de leur physionomie qu'ils étaient amenés non par une banale curiosité, mais par un chagrin sincère ; on voyait plus d'une femme du peuple s'essuyer les yeux devant le triste cortège.

Les différentes Sociétés dont M. Depoorter était le médecin ont assisté en corps aux obsèques. Les sapeurs-pompiers de Valenciennes, dont il était le chirurgien aide-major, avaient pris les armes, et, commandés par leur lieutenant M. Meurs, précédaient, suivaient et entouraient le char mortuaire. La Musique municipale l'accompagnait également en faisant entendre des marches funèbres. Différentes couronnes étaient portées dans le cortège ; outre celles de la famille, on en remarquait de très-belles offertes par le Syndicat des médecins de l'arrondissement et par le Syndicat des pharmaciens, une magnifique envoyée par les amis du défunt, une autre provenant des sapeurs-pompiers de Valenciennes, qui la portaient sur un trophée de haches et autres attributs de sauvetage habilement groupés. Les sapeurs-pompiers de Trith avaient également envoyé une couronne, ainsi qu'un groupe d'ouvriers,

Les cordons du poêle étaient tenus par M. Debaralle, adjoint au maire, MM. les docteurs Lecerf et Wins, M. Fromentin, secrétaire des établissements charitables de Valenciennes, M. Vandermesch, juge de paix et M. Cardon, sous-lieutenant des sapeurs-pompiers.

Derrière le corbillard, nous avons distingué, au milieu de la foule, M. Hourdequin, capitaine des sapeurs-pompiers, M. le Commandant et plusieurs officiers de nos canonniers sédentaires, un grand nombre de médecins de Valenciennes et des environs.

Après le service funèbre célébré en l'église Saint-Géry, le corps a été conduit à la gare pour être transporté à Cambrai, résidence de la famille du regretté médecin.

L'Impartial du Nord

Numéro du 7 Juillet 1889.

LES FUNÉRAILLES DU DOCTEUR DEPOORTER.

L'homme de bien qui a consacré toutes ses forces, toutes ses facultés, tout son cœur à l'accomplissement de son devoir mérite le suprême hommage de la reconnaissance publique.

La dépouille mortelle de notre ami Depoorter a reçu cet hommage, et dans des conditions qui prouvent, à l'honneur de l'humanité, que la gratitude n'est pas un vain mot.

Bien avant onze beures la rue de Paris est remplie par une foule douloureusement émue. Pendant que le corps médical de l'arrondissement, les sapeurs-pompiers de Valenciennes, les innombrables amis du défunt forment une masse compacte sur la chaussée, sur chaque trottoir, de la maison mortuaire à l'église Saint-Géry, une double haie d'ouvriers et de femmes du peuple attend le passage du cortège.

Le clergé vient faire la levée du corps, et l'on se dirige d'abord vers l'église ; les sous-officiers des pompiers portent le corps de leur dévoué chirurgien-major.

Sur le parcours on ne voit que des yeux pleins de larmes. Nous pouvons dire que, depuis longtemps, nous n'avions assisté à d'aussi émouvantes funérailles.

Ce n'est pas seulement le nombre considérable des assistants, la quantité et la beauté des couronnes, le silence recueilli, la tristesse communicative des assistants qui donne un caractère grandiose à cette cérémonie. C'est encore ce sentiment de douleur profonde, qui est empreint sur tous les visages, gravé dans le cœur de tous les amis de Depoorter, c'est-à-dire ceux qui lui avaient donné le soin de leur famille et qui pouvaient compter sur son inépuisable dévouement, la nuit, le jour, à toute heure, sachant qu'il ne faisait aucune distinction entre la pauvreté ou la richesse.

Quand, au sortir du service religieux, on s'est dirigé vers la gare, d'où le corps devait être reconduit à Cambrai, la même haie sincèrement émue jusqu'aux larmes s'est formée malgré le soleil torride.

Derrière le peloton des sapeurs-pompiers venait la musique municipale, jouant des marches funèbres qui ajoutaient encore à l'émotion du cortège, puis des couronnes offertes, la première, en fleurs des champs, par un groupe d'ouvriers, une autre par les sapeurs-pompiers de Valenciennes, une troisième par ceux de Trith, une quatrième par ses amis, puis celles du syndicat médical de l'arrondissement, de la famille, etc.

Les coins du poêle étaient tenus par MM. Vandermesch, compatriote du défunt, Fromentin, un ami intime, Debaralle, adjoint, les docteurs Lecerf et Wins et le sous-lieutenant des sapeurs-pompiers Cardon.

A côté des membres de la famille marchait le capitaine Hourdequin, puis le corps médical de l'arrondissement au grand complet, la société de secours mutuels de St-Eloi, avec sa bannière voilée d'un crêpe, les officiers du bataillon de canonniers sédentaires, les officiers et une délégation des sapeurs-pompiers de Trith, de Marly, de Saint-Saulve, d'Anzin, Aulnoy, etc.

A la gare, au moment où l'on met la bière dans le fourgon qui doit la conduire à Cambrai, l'ouvrier qui portait au nom de ses camarades la couronne de fleurs des champs, la lance sur le cercueil en s'écriant d'une voix émue : « Adieu ! Depoorter. Ah ! quel malheur pour les ouvriers ! » Et il disparaît, saisi par une émotion violente qui le fait sangloter et qui se communique à un grand nombre d'assistants.

M. le docteur Wins s'avance alors, et d'une voix entrecoupée par les sanglots, que la vue de la douleur générale l'empêche de maîtriser, il prononce l'adieu suivant :

« Messieurs,

» C'est avec l'émotion la plus vive et les regrets les plus profonds que j'adresse, au nom du Syndicat médical de l'arrondissement et de l'Association des médecins du Nord, le suprême adieu à notre confrère et ami Depoorter.

» Quelle chose fragile que la vie !

» Lui que nous voyions il y a quelques jours à peine plein de vigueur et de santé, quel deuil sa mort ne jette-t-elle point parmi nous !

» Cette douleur de la séparation, nous la ressentons d'autant plus vivement que nous avions eu, depuis longtemps déjà, l'avantage de nous lier d'amitié.

» Doué d'heureux dons naturels, après avoir acquis au collège de Tourcoing une solide et brillante instruction, Depoorter, qui avait pour la médecine la passion la plus marquée, put enfin réaliser son rêve et commencer à Lille ses études.

» Nous le retrouvons peu après à Paris, animé toujours de la même ardeur au travail, poursuivant avec activité ses chères études médicales.

» Reçu docteur en 1880, il vint se fixer dans notre ville.

» Les qualités qu'il possédait devaient rapidement le faire rechercher, et bientôt il acquérait une réelle situation.

» Son savoir, sa bienveillance, l'inaltérable aménité de son caractère lui avaient gagné toutes les sympathies.

» Tout le monde l'aimait ici ; et plus d'un pourrait nous dire avec quelle sollicitude il prodiguait ses soins, ne connaissant que son devoir qu'il accomplissait entièrement, allant souvent jusqu'à l'oubli de soi-même.

» C'est alors qu'après une vie trop courte hélas ! toute de travail, de probité, de dévouement, quand il pouvait, jetant un regard en arrière, contempler le chemin déjà parcouru et n'avoir nul regret, que l'avenir semblait lui sourire, la mort est venue nous le ravir.

» Les êtres chers qu'il entourait de tant d'affection, sont plongés dans une douleur cruelle.

» Puissent-ils trouver une consolation dans le concours empressé de ses amis qui ont voulu donner à notre regretté confrère une dernière preuve d'affection.

» Cher ami, toi qui fus pour tous un exemple, ta mémoire restera dans notre cœur et tous nous garderons pieusement ton souvenir.

» Au revoir, adieu ! »

Le spectacle, à ce moment, est inénarrable. Pas un œil ne reste sec, pas un cœur ne se trouve douloureusement étreint. Et l'on se retire en songeant que Depoorter, bien qu'il ait passé à Valenciennes quelques années seulement, laissera un souvenir durable dans notre ville, et que son abnégation, sa charité à toute épreuve, son dévouement sans cesse en éveil lui avaient acquis cette universelle sympathie, cette amitié du peuple qui sait reconnaître ses vrais amis, et leur faire des funérailles dignes d'eux, dignes de lui.

L'Echo de Cambrai

Numéro du 7 Juillet 1889.

Cérémonie funèbre. — Hier vendredi, vers cinq heures, le clergé de Saint-Géry amenait de la gare du Nord au cimetière de la porte Notre-Dame, le corps d'un médecin de Valenciennes dont la mort foudroyante avait vivement impressionné tous ses concitoyens.

M. Victor Depoorter, beau-frère de M. Dujon, négociant rue de l'Arbre-d'Or, s'était marié il y a six ans environ à Mlle Sauviller, de notre ville.

Fixé à Valenciennes, il s'était bien vite concilié la sympathie et l'estime des habitants de cette ville, riches ou pauvres.

C'était, nous disent les journaux de cette ville, un médecin actif, laborieux, plein de dévouement pour ses malades, toujours prêt à répondre aux appels adressés à son savoir professionnel.

C'est en faisant avec une hâte excessive, par la chaleur, une course aux environs de Valenciennes, où il avait été mandé il y a huit jours pour donner ses soins à une personne souffrante, qu'il paraît avoir pris le germe du mal qui a été cause de sa mort.

M. Depoorter sera regretté par tous ceux qui l'ont connu.

Docteur des plus distingués, il s'était créé en peu de temps une clientèle très considérable.

Tous ceux qui l'ont approché savent avec quel dévouement, quelle science, quelle bonté et quel tact il exerçait la médecine.

Pauvres comme riches, tous trouvaient en lui un ami, un conseiller aussi sûr que désintéressé.

Les funérailles ont été célébrées hier vendredi au milieu d'une affluence considérable de personnes de toutes conditions.

Le corps, comme nous l'avons dit, a été ramené ensuite à Cambrai.

Bon nombre de ses meilleurs amis de Valenciennes ont regardé comme un devoir de l'accompagner jusqu'à sa dernière demeure.

Les syndicats des médecins, des pharmaciens et plusieurs autres amis ou parents du défunt, avaient offert des couronnes. On en a remarqué une fort belle, portant cette inscription : « Les Sapeurs-Pompiers de Valenciennes à leur Chirurgien. »

Un certain nombre de nos concitoyens, parmi lesquels se trouvaient des docteurs en médecine, des pharmaciens, des officiers et des sous-officiers de pompiers en tenue, sont venus grossir le cortège.

Le deuil était conduit par le frère et le beau-frère du défunt.

Au cimetière, M. Paul Hédot, pharmacien à Valenciennes, a prononcé, d'une voix très-émue, le discours suivant :

« Messieurs,

» Le cœur rempli d'une émotion poignante, l'âme véritablement navrée, je viens adresser un cruel et déchirant adieu au docteur Depoorter, à ce précieux ami qui, hier encore, plein de vie, de santé et de belle humeur, nous est aujourd'hui enlevé d'une façon si foudroyante. Car, si dans son activité dévorante il dépensait ses forces sans assez compter, rien en lui, au dire de ses confrères, qui tous se sont multipliés à son chevet, et lui ont prodigué leurs soins, ne pouvait nous faire prévoir une fin si imprévue, un dénouement si épouvantable.

» Après de brillantes et solides études médicales, Depoorter vint en 1880 s'établir à Valenciennes où, grâce à un savoir incontesté, à un désintéressement, à un dévouement apprécié de tous, il se fit très-rapidement une nombreuse clientèle qui lui resta fidèlement attachée. Aussi l'explosion de douleur et de sympathie fut-elle grande et générale à l'annonce de sa mort.

» A la consternation de ses amis — et ils sont nombreux — aux regrets et aux éloges unanimes de tout Valenciennes, on peut juger de l'affection et de la confiance dont jouissait Depoorter, ce bon, cet aimable docteur, comme je l'ai entendu appeler nombre de fois, qui, au savoir profond et modeste, à un coup d'œil sûr, joignait toutes les qualités du gentilhomme.

» Toujours prêt, la nuit comme le jour, à soulager le riche comme l'indigent, Depoorter était l'incarnation du devoir. Il ne comptait que des admirateurs redoutant pour lui ces excès de fatigue, et la foule nombreuse, recueillie, qui l'accompagnait à Valenciennes, ces larmes versées à la vue de sa dépouille mortelle prouvent jusqu'à quel point il emporte l'estime et le regret de tous.

» A cette pauvre et malheureuse veuve dont le désespoir est navrant, à ce fils, ce pauvre innocent qui ignore ce que la cruelle brutalité du sort vient de lui enlever, et qui ne peut encore apprécier l'étendue de son malheur, à toute cette famille si grandement éprouvée, nous adressons l'hommage de notre sympathie, de nos regrets et de notre propre douleur. »

Valenciennes. — Imp. Louis Henry.

www.ingramcontent.com/pod-product-compliance
Ingram Content Group UK Ltd.
Pitfield, Milton Keynes, MK11 3LW, UK
UKHW021101270726
13994UKWH00009B/1726

9 782329 409474